Lb 4º 353.

DE
L'ÉTAT DE LA FRANCE

AU MOIS DE MARS

ET

AU MOIS D'OCTOBRE 1814.

PARIS,

LE NORMANT, IMPRIMEUR-LIBRAIRE.

1814.

Extrait du Journal des Débats, du 9 octobre 1814.

Dans l'article du *Journal des Débats* du 4 sur l'état de la France au mois de mars et au mois d'octobre de cette année, tous les lecteurs ont facilement reconnu le plus éloquent de nos écrivains. Tant qu'il nous est resté des exemplaires, nous les avons donnés. L'affluence des demandeurs étant toujours la même, nous faisons réimprimer cet article séparément ; et lundi prochain, il sera donné ou envoyé gratuitement à toutes les personnes qui le réclameront chez M. le Normant, imprimeur du *Journal des Débats*, rue de Seine, n°. 8.

DE
L'ÉTAT DE LA FRANCE

AU MOIS DE MARS,

ET AU MOIS D'OCTOBRE 1814.

Accoutumés depuis long-temps aux prodiges, à peine remarquons-nous ceux qui se passent aujourd'hui sous nos yeux : il est vrai de dire cependant, que de tous les miracles qui se sont opérés depuis quelques années, aucun n'est plus frappant que le bonheur actuel de la France. Pouvions-nous raisonnablement nous attendre à à un calme aussi profond après une si longue tempête? Pour mieux juger de notre position au mois d'Octobre de cette année, rappelons-nous l'état où nous trouvions au mois de Mars de cette même année.

La France étoit envahie depuis le Rhin jusqu'à la Loire, depuis les Alpes jusqu'aux montagnes d'Auvergne, depuis les Pyrénées jusqu'à la Garonne; Paris étoit occupé par l'ennemi; cinq cent mille Russes, Allemands, Prussiens restés de l'autre côté du Rhin étoient prêts à seconder les efforts de leurs compatriotes par une seconde invasion qui auroit achevé la désolation de la France; toute l'Espagne se préparoit à franchir les Pyrénées sur les traces de l'armée anglaise, espagnole et portugaise; plus d'un million de Français avoient, en moins de treize mois, été appelés sur le champ de bataille; un insensé, à qui l'on ne cessoit d'offrir la paix, s'obstinoit à arracher le dernier homme et le dernier écu à notre malheureuse patrie, pour soutenir au dehors un monstrueux système de guerre, au dedans une tyrannie plus monstrueuse encore. S'il parvenoit à prolonger la guerre, la France couroit le risque de ne plus offrir, en quelques mois, qu'un monceau de cendres; s'il acceptoit enfin la paix, cette paix ne pouvoit plus être faite qu'à des conditions aussi déhonorantes pour lui que pour notre patrie: il auroit fallu payer des contributions énormes, céder nos places frontières en garantie des traités. Buonaparte, humilié dans son orgueil, trompé dans son ambition, eût couvert le Royaume de deuil et de proscriptions. Déjà les listes étoient dressées, les victimes désignées, les villes entières condamnées: les confiscations, les expropriations auroient suivi les supplices; la guerre civile auroit peut-être couronné toutes les dévastations de la guerre étrangère; et un despotisme sanglant se seroit assis pour jamais sur les ruines de la France!

Quel étoit en ce moment notre unique espoir? Une famille que nous avions accablée de tous les maux, en reconnoissance de tous les biens qu'elle avoit versés sur nous depuis tant de siècles! Cette famille exilée, presque oubliée de ses enfans ingrats, ne trouvoit pas chez les étrangers plus de souvenirs et plus d'appuis. Ce n'étoit point pour elle qu'on se battoit. Aucun des malheurs qui accabloient alors la France par suite d'une guerrre désastreuse, ne pouvoit être imputé à cette famille. A Châtillon, on traitoit de bonne foi avec Buonaparte. A peine permettoit-on à MONSIEUR de suivre presque seul, et de très-loin, les armées envahissantes : il venoit coucher dans les ruines que Buonaparte avoit faites, essuyer les pleurs des paysans qui s'attroupoient autour de lui, secourir nos conscrits blessés, ne pouvant exercer des prérogatives royales que ces bienfaisantes vertus qu'il avoit héritées du sang de saint Louis. Mgr le duc d'Angoulême n'étoit reconnu que comme simple volontaire à l'armée de lord Wellington. A Jersey, Mgr le duc de Berry sollicitoit en vain la faveur d'être jeté avec ses deux aides-de-camp sur les côtes de France; et il comptoit si peu sur le succès de sa courageuse entreprise, qu'il avoit fait renouveler le bail de sa maison à Londres.

C'est dans ce moment désespéré que la Providence acheva l'ouvrage dont elle avoit voulu se charger seule, afin de rendre sa main visible à tous. Les étrangers entrent dans Paris : Dieu change le cœur des princes, ouvre les yeux des Français; un cri de *vive le Roi!* sauve le Monde. Buonaparte s'écrie qu'on l'a trahi! Trahi, grand

Dieu! et par qui, si ce n'est par lui-même! Vit-on jamais une fidélité plus extraordinaire, plus touchante que celle de son armée? Jamais les soldats français ne se sont montrés plus héroïques que dans l'instant même où, détestant l'auteur de nos infortunes, ils respectoient encore en lui leur général, et seroient morts avec lui, si lui-même avoit su mourir.

Mais lorsqu'il eut emporté sa vie avec les millions qu'il avoit eu le courage de demander, le France se tourna vers notre véritable Père, qui arrivoit de l'exil sans stipulations, sans traités, sans trésors, rentrant les mains vides, comme il étoit sorti, mais le cœur plein de tendresse et de cette miséricorde naturelle à la race de nos Rois.

Qu'est-ce que le Roi trouva en arrivant? Quatre cent mille étrangers dans le cœur de la France, dix-sept cents millions de dettes, des armées désorganisées et sans solde depuis plusieurs mois, plus de trente mille officiers qui avoient droit à un sort et à des récompenses, quatre cent mille prisonniers prêts à rentrer dans leur patrie et à augmenter l'embarras du moment, une constitution à faire, des craintes à calmer, des espérances à remplir, des partis en présence, et tous les élémens d'une guerre civile. Il paroissoit sage à quelques personnes, que le ROI, au milieu de tant d'embarras, ne connoissant ni le terrain sur lequel il marchoit, ni l'état des opinions, ni le caractère des hommes en France, inconnu lui-même à son peuple, il paroissoit sage, disons-nous, que le ROI conservât auprès de lui une force étrangère. Le Roi rejeta noblement cette idée : une paix honorable fit sortir les alliés du Royaume : il ne nous en coûta ni contributions, ni places fortes ; nous conservâmes nos anciennes frontières, et même nous nous agrandîmes du côté de la Savoie. Les monumens des arts nous restèrent: tout cela fut le fruit de l'estime des alliés pour le Roi. Une charte assura nos droits politiques. Bientôt cette armée, si embarrassante par le nombre de ses soldats, a vu, comme par miracle, presque tout son arriéré acquitté, et le reste de cet arriéré au moment de l'être. Les officiers qui n'ont pu trouver place dans la nouvelle organisation militaire, reçoivent, au sein de leur famille, une pension qui leur assure cet honorable repos, récompense naturelle de la gloire. Les propriétés ont été garanties ; la confiance renaît ; les manufactures reprennent leurs travaux : tout marche vers la prospérité. La modération, le génie, et les vertus d'un seul homme ont opéré ces prodiges : et il n'en a pas coûté une goutte de sang à la France ; et personne n'a été ni inquiété, ni persécuté pour son opinion ; et aucune prison ne s'est ouverte, sinon pour rendre la liberté à quelques victimes ; et aucun acte arbitraire du pouvoir ne s'est mêlé à tant d'actes de clémence et de bonté ! Nous sommes trop près de ces merveilles, pour les apprécier comme elles le méritent ; mais l'histoire les présentera à l'admiration des hommes : elle ajoutera au nom de Louis-le-Desiré le surnom de *Sage*, que la France a déjà eu la gloire de donner à l'un de ses Rois.

Si on en avoit cru quelques personnes qui avoient leurs raisons pour semer de pareilles alarmes, la France, à l'arrivée des Bourbons, alloit devenir le théâtre des réactions et des vengeances. Que pourroient-elles dire aujourd'hui? Quoi! pas une exécution, pas un emprisonnement, pas un exil pour consoler leurs prophéties! Au retour de Charles II en Angleterre, le parlement fit mettre en jugement plusieurs coupables. Au retour de Louis XVIII en France, tout le monde conserve la vie, la fortune, la liberté: rien pour de certains hommes n'est perdu, *fors l'honneur!* Quelque opinion que l'on ait, ou que l'on ait eue, on convient généralement que jamais la France n'a été aussi heureuse à aucune époque, que dans les quatre mois qui se sont écoulés depuis le rétablissement de la monarchie. Il n'y a aucun Français qui ne porte avec joie en lui-même le sentiment de son affranchissement et de sa pleine liberté. Chacun s'endort, sûr de n'être pas réveillé au milieu de la nuit, pour être traîné par des espions à la police, ou par des gendarmes à un tribunal militaire. Le propriétaire sait qu'il conservera son bien, la mère son enfant : elle ne tremble plus dans la crainte de voir chaque matin, au coin de la rue, afficher quelque nouvelle conscription. Le fermier, l'artisan, ne se mettent plus d'avance à la torture pour savoir comment ils rachèteront le seul fils qui leur reste; le conscrit, qui ne le sera plus, ne songe plus à se mutiler pour se dérober à la mort. Les taxes seules pèsent encore sur la France; mais du moins on est certain qu'elles seront réduites dans un temps donné, qu'elles ne seront point imposées arbitrairement par la première autorité de l'Etat, et jusques par des préfets, des sous-préfets, des maires et des adjoints. L'Etat a des dettes: il faut bien les payer. Et, qui les a contractées ces dettes? Est-ce le Roi, ou l'homme de l'île d'Elbe? Si le Roi avoit voulu dire: « Je ne suis pas obligé » de reconnoître les dettes de Buonaparte. La » fortune que la plupart des fournisseurs ont » faite, les dédommagera assez de la perte qu'ils » éprouveront », qu'auroit-on eu à répondre? Mais le Roi a cru qu'il y alloit de son honneur, comme de celui de la France, d'acquitter scrupuleusement toute dette qui pouvoit être regardée comme dette de l'Etat; et, par cette bonne foi digne d'un descendant d'Henri IV, il donne à la France un crédit qui doublera la fortune publique.

Ainsi, les grands malheurs dont nous menaçoit le retour des Bourbons, se réduisent à quelques murmures; et ces murmures, quand on veut aller au fond de la chose, naissent tous de quelque espérance trompée, de quelque place qu'on demandoit, et qu'on n'a pas obtenue. La moitié de la France, sous le despotisme qui vient de finir, étoit payée par l'autre. Le moyen de soutenir un pareil abus! Buonaparte lui-même, s'il fût resté sur le trône sans être le maître de l'Europe, auroit-il pu maintenir toutes les places qu'il avoit créées ? Il ne les payoit déjà plus. Pour faire taire les mécontens, il les auroit fusillés. D'ailleurs, toutes les traces d'une révolution de vingt-cinq années peuvent-elles être effacées dans l'espace de six mois ? A la mort d'Henri IV, il se trouva encore de vieux Ligueurs qui applaudirent au parricide de Ravaillac. Il faut donc nous attendre à voir encore long-temps, et peut-être toute notre vie, les opinions des Français partagées sur une foule d'objets ; les uns détester ce que les autres aimeront ; ceux-ci vanter, ceux-là dénigrer le gouvernement.

Selon les constitutionnels, la constitution n'est pas assez *libérale*. Selon les anciens royalistes, on se seroit bien passé d'une constitution. Ne peut-on pas dire aux premiers : « S'il y a quelque chose de défectueux dans la constitution actuelle, le temps y apportera remède. La constitution anglaise, objet de votre admiration, n'a pas été l'ouvrage d'un jour. Il suffit que les fondemens de la liberté publique soient établis parmi nous, que le peuple soit représenté, qu'il ne puisse être imposé que du consentement de ses représentans, qu'aucun homme ne puisse être ni dépouillé, ni exilé, ni emprisonné, ni mis à mort arbitrairement. Asseyons-nous un moment sur ces grandes bases, et respirons du moins après une course si violente et si rapide. »

Ne peut-on pas dire aux derniers : « L'ancienne constitution du Royaume étoit sans doute excellente ; mais pouvez-vous en réu[nir] les élémens ? Où prendrez-vous un clergé indépendant, représentant, par ses immenses domaines, une partie considérable des propriétaires de l'Etat ? Où trouverez-vous un corps de gentilshommes assez nombreux, assez riches, assez puissans pour former, par leurs anciens droits féodaux, par leurs terres seigneuriales, par leurs vassaux et leur patronage, par leur influence dans l'armée, un contre-poids à la Couronne ? Comment rétablirez-vous ces priviléges des provinces et des villes, les pays d'Etats, les grands corps de magistratures qui mettoient de toutes parts des entraves à l'exercice du pouvoir absolu ? L'esprit même de ces corps dont nous parlons n'est-il pas changé ? L'égalité de l'éducation et des fortunes, l'opinion publique, l'accroissement des lumières, permettroient-ils aujourd'hui des distinctions qui choqueroient toutes les vanités ? Les institutions de nos aïeux, où l'on reconnoissoit les traces de la sainteté de notre religion, de l'honneur de notre chevalerie, de la gravité de notre magistrature, sont sans doute à jamais regrettables ; mais peut-on les faire revivre entièrement ? Permettez donc, puisqu'il faut enfin quelque chose, qu'on essaie de remplacer l'honneur du chevalier par la dignité de l'homme, et la noblesse de l'individu par la noblesse de l'espèce. En vain voudriez-vous revenir aux anciens jours : les nations, comme les fleuves, ne remontent point vers leurs sources : on ne rendit point à la République Romaine le gouvernement de ses rois, ni à l'Empire d'Auguste le sénat de Brutus. Le temps change tout, et l'on ne peut pas plus se soustraire à ses lois qu'à ses ravages. »

Qu'il reste donc encore un peu de chaleur dans nos opinions : cela ne peut être autrement. Le despotisme qui vient de finir nous avoit fait sortir de l'ordre naturel. Toutes nos passions étoient exaltées : le soldat ne songeoit qu'à devenir maréchal de France, au prix de la vie d'un million de Français ; le plus mince commis aux douanes voyoit en perspective un ministère ; l'ouvrier, sorti de sa boutique, ne vouloit plus y rentrer ; la jeunesse, débarrassée du joug domestique, se plongeoit dans toutes les jouissances et dans toutes les chimères de son âge. Un devoir qui se réduisoit à une bassesse, *obéir aveuglément à la volonté d'un maître*, remplaçoit toute la morale de la vie. Buonaparte étoit le chef visible du mal, comme le Démon en est le chef invisible. Toutes les ambitions désordonnées se rassembloient autour de lui, à peu près comme les Songes qui viennent se suspendre à l'arbre funeste que Virgile place à la porte des Enfers.

Aujourd'hui, il nous en coûte de rentrer dans le devoir : le repos nous paroît insipide. Mais, comme l'ordre est l'état naturel des choses, nous reprendrons malgré nous le goût des choses honnêtes et des jouissances légitimes. Il est curieux de voir la surprise des hommes accoutumés à gouverner par les moyens violens du despotisme. Ils prédisent des révolutions, des soulèvemens qui n'arrivent pas ; ils prennent leurs opinions particulières, leur humeur, leurs intérêts secrets, pour l'opinion, l'humeur et l'intérêt de la France. *On n'administre pas*, disent-ils. *Cela n'ira pas, cela ne peut pas aller.* Eh pourquoi ? parce qu'on n'a pas fusillé ce matin à la plaine de Grenelle ; parce que la police n'a pas mis à Vincennes cette nuit une douzaine de personnes ; parce qu'on n'a pas amené du bout de la France des prisonniers dans des *cages* de poste ; parce qu'on n'a pas payé assez d'espions ; parce qu'on n'empêche personne de parler, d'écrire, d'imprimer même ce qu'il veut ; parce qu'on ne s'est mêlé ni des opérations du commerce, ni de celles de l'agriculture ; parce que le conseil d'Etat n'a pas pris dans un seul jour cent arrêtés contradictoires ; parce qu'ayant à choisir sur vingt-cinq millions de Français, on n'a pas cru que tous les talens fussent exclusivement renfermés dans les têtes de quelques hommes que l'opinion publique repousse, et qu'on n'a pas appelé ces hommes au gouvernement ! Ces personnes (distinguées d'ailleurs par l'expérience des affaires) sont cependant de mauvais juges de la marche d'un gouvernement légal : elles n'ont connu que la révolution et ses violences ; uniquement occupées de la force physique, elles n'ont aucune idée de la force morale. Elles sont étonnées que tout aille sans efforts, et presque sans qu'on s'en mêle : elles ne savent pas qu'un Roi légitime est une plante qui étend naturellement ses branches et ses racines, s'affermit, donne de la protection et de l'ombre, par la seule raison que le ciel et la terre lui sont favorables, et qu'elle croît dans son sol natal. Il est impossible que ce sentiment de sécurité qu'on éprouve ne pénètre pas à la longue toutes les âmes, n'entre pas dans les chaumières et dans les palais, et qu'à la fin on ne se dise pas: « Mais nous sommes cependant heureux! »

Que ceux qui croient le gouvernement si foible l'examinent d'après les faits et les résultats, et ils verront qu'il est déjà beaucoup plus fort que ce gouvernement de fer auquel il a succédé. Auroit-on pu, par exemple, laisser imprimer contre le dernier despotisme les livres que l'on imprime aujourd'hui contre l'autorité existante, sans que le despotisme en eût été ébranlé? Les plus infâmes libelles, les ouvrages les plus audacieux se colportent, se vendent publiquement: cela fait-il rien à personne? Qui est-ce qui lit ces ouvrages? Et si on les lit, quels sont les lecteurs qui se laissent persuader? On dira que les auteurs, en signant les libelles, détruisent l'effet même de leurs ouvrages, comme les poisons se neutralisent; que l'infamie de l'écrivain corrige le venin de l'écrit. Par une raison ou par une autre, il est cependant certain qu'un gouvernement qui compte à peine quatre ou cinq mois d'existence, qui s'est établi, comme nous l'avons vu, au milieu de tant de factions et de tant de malheurs, résiste à une épreuve qui eût renversé Buonaparte au plus haut point de sa puissance. Dans les cafés, dans les salons, on juge hautement les actes du ministère, les lois discutées dans les deux Chambres; on critique, on crie, on blâme, on loue : la marche du gouvernement en paroît-elle dérangée ?

Le France est ouverte de toutes parts : on y voyage comme on veut. S'il y a des ennemis secrets, ils peuvent y entrer, et en sortir comme bon leur semble. Ils peuvent correspondre, se donner des rendez-vous, en un mot, *conspirer* ouvertement sur les places publiques et au coin des rues. Les craint-on? Pas du tout. Buonaparte auroit-il pu leur laisser cette liberté? On ne daigneroit pas même se mettre en défense : ils viendroient échouer devant la douceur et l'indulgence d'un gouvernement paternel qui arrêteroit le bras prêt à les punir : le Roi les accableroit du poids de son pardon et de sa bonté. On ne peut rien de redoutable contre une autorité fondée sur la légitimité et la justice. La France est remplie de parens et de créatures de Buonaparte, et ils sont protégés comme les autres citoyens, sans que l'on songe à se prémunir contre eux. Une grande princesse est venue, sous la généreuse protection du Roi, prendre les eaux dans nos provinces, et pourtant la plaie étoit bien vive et bien récente! Cette princesse pouvoit réveiller de puissans souvenirs! Eh bien! qu'est-ce que sa présence a produit? Se représente-t-on Mme la duchesse d'Angoulême aux eaux d'Aix sous le gouvernement si robuste de la tyrannie, lorsque le seul nom de Bourbon faisoit trembler le Roi des Rois? Enfin, un frère de l'étranger est établi sur notre frontière, où il se montre avec une richesse qu'il seroit plus décent de cacher. En a-t-on témoigné la moindre inquiétude? A-t-on demandé son éloignement? Qu'on apprenne donc à juger de la force d'un gouvernement, non par ses actes administratifs, mais par son plus ou moins de morale, de modération et de justice. La force des Rois est inébranlable quand elle vient des lumières de leur esprit, et de la droiture de leur cœur.

Les Bourbons ont erré, presque sans asile, sur la surface de la terre; exposés aux craintes de l'usurpateur, ils ne pouvoient surtout approcher des frontières de France, sans courir les risques de la vie, témoin l'infortuné duc d'Enghien. Aujourd'hui ils ne poursuivent point ceux qui les ont si cruellement poursuivis; ils les laissent se montrer autour d'eux, sans leur témoigner la moindre crainte, sans prendre même les précautions qui paroîtroient si naturelles. Qui n'admireroit une confiance aussi magnanime, une absence aussi absolue de tout ressentiment? Louis XVIII a raison. C'est en s'abandonnant ainsi à la loyauté des Français qu'il prouve invinciblement la légitimité de ses droits et la solidité de son trône. Il semble qu'il nous ait crié, en arrivant à Calais, comme Philippe de Valois aux portes du château de Broye : « Ouvrez, c'est la Fortune de la France! » Nous lui avons ouvert; et nous lui prouverons que nous sommes dignes de l'estime qu'il nous a témoignée, lorsqu'il a si noblement confié à notre foi ses vertus et ses malheurs.

(Extrait du Journal des Débats, du 4 octobre 1814.)

www.ingramcontent.com/pod-product-compliance
Lightning Source LLC
Chambersburg PA
CBHW071423060426
42450CB00009BA/1982